THÈSE

POUR

LA LICENCE.

TOULOUSE,
TYPOGRAPHIE TROYES OUVRIERS RÉUNIS,
RUE SAINT-PANTALEON, 3.

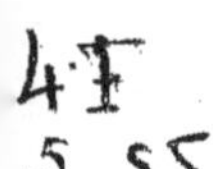

FACULTÉ DE DROIT DE TOULOUSE.

THÈSE

POUR

LA LICENCE

En exécution de l'Article 4, Titre 2, de la Loi du 22 Ventôse an XII.

SOUTENUE

Par M. DEDIEU (Louis-Isidore),

Né au Fousseret (Haute-Garonne).

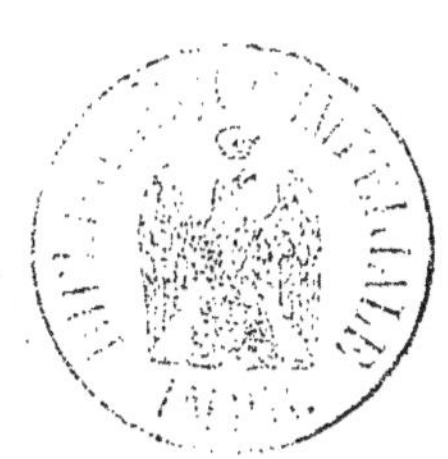

TOULOUSE,

Typographie Troyes OUVRIERS RÉUNIS,
Rue Saint-Pantaléon, 3.

1855.

A LA MÉMOIRE DE LA MEILLEURE DES MÈRES !

A MON EXCELLENT PÈRE,

A MA SOEUR BIEN-AIMÉE,

A MA CHÈRE FAMILLE,

A MES AMIS.

Jus Romanum.

—

De mandato.

Institut. , Lib. III , Tit. XXVI.

Mandatum est missio gratuita ab uno data et ab altero acceptata. Gratuitas de mandati naturâ est : mandatum quod mandatarii solius utilitatem respicit, non est verum mandatum; quapropter tanquam nullum habetur, quandò pretium aliquod stipulatur, quia mandatum ex officio atque amicitia originem trahit. Mercedis tamen causâ aliquandò contrahitur; sed cum aliquam pecuniam promittitur, nihilominùs aderit mandatum. Mandatum autem sive purum , sive simplex , sive sub conditionc, sive ad tempus dari tantum potest. Causa mandati licita esse debet , nam non obligatorium est illud quod contra bonos mores est, veluti si quisquis de furto aut de damno faciendo, aut de injuriâ faciendâ tibi mandet ; etenim licet pœnam istius facti nomine præstiteris, non tamen ullam habes adversus eum actionem.

Mandatum non suscipere cuilibet liberum est , susceptum autem consummandum est à mandatario; sed si impossibile fit illi , tempore opportuno renuntiare debet , ut per semetipsum aut per alium eamdem rem mandator exsequatur.

Ex hoc contractu duæ oriuntur actiones : *Directa* et *contraria*. 1o *Directa* , mandati data ad transferendam præcipuè in se dominium rerum à mandatario acquisitarum , vel ad obtinendam ab eo cessionem actionum suarum , vel ad cogendum eum ad exsequendam missionem acceptatam , vel ad repetendam indemnitatem pro damno , quod inexecutione vel malà executione mandati oritur , sive culpâ negligentiâve mandatarii incuriosi inofficiosique.

2o *Contraria* datur mandatario contra mandantem ad executionem mandati , et ad adimplendas ipsius obligationes repetendasque impensas.

Mandatum contrahitur quinque modis : 1o Mandantis tantum gratiâ ; 2o alienâ tantum gratiâ ; 3o mandantis et mandatarii gratiâ ; 4o mandantis et alienâ gratiâ ; 5o mandatarii et alienâ gratiâ :

1° Mandantis autem gratiâ, veluti si quis alii mandet ut negotia ejus gereret , vel ut fundum ei emeret.

2o Alienâ autem causâ, veluti si quis alicui mandet , ut Titii negotia gereret , vel ut Titio fundum emeret.

3o Mandantis et mandatarii gratiâ , veluti si tibi mandem ut pecuniam sub usuris crederes procuratori meo : mutuum enim invenimus commodum in hoc mandato, tu autem in usurâ pecuniæ , ego verò in prosperitate rei meæ

4o Mandantis et alienâ gratiâ , si quis de communibus suis et alicujus negotiis gerendis alicui mandet, vel ut sibi et alicui fundum emat, vel ut pro eo et aliquo spondeat.

5º Mandatarii et alienâ gratiâ, veluti si quis alicui mandet ut pecuniam sub usuris credat Titio, quod si ut sine usuris credat, alienâ tantùm intervenit mandatum.

Is qui exsequitur mandatum, fines mandati diligenter custodire, easque attentissimè perscrutare debet, ut intrà maneat scrupulosè finesque illas nec excedat; nam in hoc casu deficit illi actio contraria adversùs mandantem, qui contra illum directam habebit actionem, quapropter solvere tenebitur damnum æquale commodis quæ mandatori evenissent in executione mandati. Quid juris igitur si tibi mandavero ut fundum mihi emas centum aureis, tu centum quinquaginta emeris? Non habes adversùs me actionem mandati, quamquam fundum istud mihi offerres pro pretio quod voluissem, quia tu excedere nequires finem mandati. In dubio fuit olim utrum tu usque ad centum nummos agere posses. Sabino et Cassio placuit te inutiliter acturum; diversæ autem scholæ auctores rectè usque ad centum aureos te acturum existimaverunt : quæ sententia sanè benignior est. Quod si minoris mandatarius emeret, habebit scilicet actionem, quoniam qui mandat ut sibi centum aureos fundus emeretur, is utique mandasse intelligitur ut minoris, si possit, emeretur.

Potissimè causæ ex quibus mandatum solvitur hæ sunt : mors mandantis vel mandatarii; si mandator revocaverit mandatum, sive mandatarius mandato renuntiaverit. Indè quatuor modis mandatum rumpitur : 1º Revocatione mandantis, re integrâ. Liberum enim esse debet cuique non uti beneficio quod nunquam invitò præstatur. — Sed quid juris, si revocatio fiat postquam res desiit esse integra, id est postquam mandatarius exsequi mandatum inceperit? Responsum est solvi nihilominùs mandatum : sed revocatio, quæ tantummodo in futurum valet, à mandante notificari debet; indè non intelligitur fieri ex mandato, quod post revocationem fieret à mandatario. Sed si mandatarius jàm impensas fecerit, ipsi mandans tenebitur ex antè gesto, actione mandati contraria.

2º Morte mandantis vel mandatarii, adhuc integro mandato; quià fides mandantis in mandatarium, et amicitia mandatarii in mandantem cohærent personæ.

3o Renuntiatione mandatarii tempestivâ. Tempestiva autem videtur renuntiatio, si fiat eo tempore quo mandans per se vel per alium potest adhuc negotium exsequi ; ità ut si mandatarius renuntiaverit intempestivè, teneatur actione mandati, non quidem ut mandatum impleat, sed ut præstet quod mandantis interest.

4o Mandantis etiam et mandatarii consensu conjunctim dato solvitur mandatum.

Code Napoléon.

Du Contrat de mariage.

LIV. III , TIT V.

Dispositions générales.

(Art. 1387 , à 1440.)

On a défini le mariage : « La société de l'homme et de la femme, qui s'unissent par des liens indissolubles pour perpétuer leur espèce et pour s'aider par des secours mutuels à supporter le poids de la vie, en partageant leur commune destinée. » Elle est de toutes les sociétés la plus belle, la plus parfaite, la plus sainte. C'est dans le mariage, en effet, que s'opère cette fusion de pensées et de sentiments; que s'établit entre les époux cette communauté de plaisirs et de peines, cette union des âmes, qui est pour nous une loi pressante, irrésistible.

Mais, pour avoir ce caractère d'élévation et de pureté qui constitue sa dignité, le mariage doit être indissoluble; la mort seule pourra briser ces liens que la volonté et la nature ont créés. Sans cela , l'harmonie serait rompue, la société conjugale ne serait plus possible.

Un acte aussi sérieux , aussi solennel , qui agit de la manière la plus directe sur le bonheur de l'homme , sur l'organisation , le bien-être et la moralité des familles et qui réagit sur la constitution de l'Etat lui-même, puisque l'Etat n'est que l'agrégation de toutes les familles, a dû exciter la plus vive sollicitude et attirer l'attention la plus scrupuleuse du législateur. Contrat moral, le mariage est soumis à certaines conditions qui tiennent à la volonté et à l'état des personnes. Contrat pécuniaire, il a pour règles principales les conventions des parties : le législateur n'intervient que pour le dégager de ce qu'il pourrait avoir de contraire aux bonnes-mœurs et à l'ordre public.

Mais, ce n'est pas comme institution civile que nous devons envisager notre sujet ; c'est au point de vue économique , comme contrat pécuniaire.

Conventions permises ou défendues.

Pour favoriser le mariage , le premier principe que la loi proclame, c'est celui de la liberté illimitée qu'elle accorde aux époux dans le choix de leurs conventions ; la loi n'en détermine les règles que dans le silence des parties , et en se faisant l'interprète de leur volonté. Aussi voyons-nous beaucoup de stipulations qui, prohibées dans les sociétés ordinaires, sont permises aux personnes qui vont s'unir par le mariage. Toutefois, il n'est pas permis aux futurs époux de faire des conventions contraires aux bonnes mœurs et à l'ordre public. C'est ainsi , par exemple , qu'il ne peut être convenu que la femme aura le droit d'aliéner ses biens sans autorisation ; que la femme administrera la communauté, que la mère , après la mort du père, n'exercera pas la puissance paternelle, que le survivant des père et mère n'aura pas la tutelle de ses enfants, que la communauté commencera à une époque autre que le jour indiqué pour le mariage. Il est également interdit aux époux d'arrêter aucune convention dont le résultat serait de changer l'ordre légal des successions, soit par rapport à eux-mêmes, dans la succession de leurs descendants, en disant, par exemple, que la succession des enfants passera au père à l'exclusion de la mère, soit quant aux descendants entre eux, en stipulant que l'aîné des enfants succédera seul ou pour une part plus forte que celle de ses frères et sœurs, à ceux des autres enfants qui viendraient à prédécéder.

Les époux ne peuvent pas non plus se soumettre en termes généraux aux lois, coutumes et statuts locaux qui partageaient la France, et que la promulgation du Code a fait disparaître en établissant l'unité législative.

Formes du contrat. — Changements. — Contre-lettres.

Le contrat de mariage doit précéder la célébration du mariage. Il ne peut être fait que dans la forme authentique, c'est-à-dire par-devant notaire, « qui délivrera aux parties, au moment de la signature du contrat, un certificat sur papier libre et sans frais, énonçant ses noms et lieu de résidence, les noms, prénoms, qualités et demeures des époux, ainsi que la date du contrat. Ce certificat indiquera qu'il doit être remis à l'officier de l'état civil avant la célébration du mariage. »

Si le contrat était passé sous-seing privé, il serait sans force et sans valeur ; les époux pourraient trop facilement modifier leurs conventions matrimoniales, en détruisant la preuve qui les constaterait.

Une fois que le mariage a été célébré devant l'officier de l'état civil, les conventions qui doivent régir la nouvelle existence des époux, deviennent irrévocables. Ils peuvent cependant apporter, s'ils le désirent, des modifications à leur contrat dans l'intervalle de la signature à la célébration. Mais pour être valables, ces changements devront être rédigés en la même forme que le contrat primitif, c'est-à-dire par acte notarié, avec minute et du consentement simultané des personnes qui ont été parties au contrat. Toutefois, cette dénomination ne s'applique qu'à ceux qui se sont engagés, ont stipulé ou promis quelque chose en leur propre nom. Elle ne s'appliquerait pas à ceux qui n'auraient figuré au contrat que par un sentiment d'affection ou de convenance.

Régimes divers. — Régime de droit commun. — Leurs combinaisons.— Leurs modes d'adoption.

Avant la promulgation du Code Napoléon par nos législateurs de 1804, l'unité législative n'était pas établie en France. Le régime dotal régnait dans le Midi ou pays de droit écrit ; le Nord, ou pays des coutumes, était soumis à la communauté.

Lorsque les rédacteurs du Code durent se prononcer pour savoir auquel des deux on devait donner la préférence, une vive controverse s'éleva à ce sujet entre les partisans de ces deux systèmes. Pour concilier tous les esprits, on se vit obligé de maintenir le régime dotal ; mais il fut reconnu qu'à défaut de convention contraire, le régime de la communauté formerait le droit commun de la France. Ce système possède de grands avantages. Il offre à la femme une perspective sur les biens que produit l'industrie et l'économie commune des époux ; elle est, pour elle, le stimulant d'une bonne conduite et d'efforts communs pour la prospérité du ménage. C'est là, sans doute, une des raisons qui lui a fait accorder la préférence sur le régime dotal, dans lequel les biens des époux sont plus distincts les uns des autres.

Il existe aujourd'hui quatre formes générales de contrat de mariage : 1° Le régime de la communauté ; 2° le régime dotal ; 3° le régime exclusif de la communauté ; 4° le régime de la séparation des biens. Les futurs époux peuvent adopter celui des régimes qui leur conviendra. Ils peuvent aussi les modifier et les combiner de manière à emprunter certaines règles de l'un, tout en conservant les règles de l'autre comme base de leur association. C'est ainsi que la communauté légale, sous l'influence de la volonté et des conventions des parties, prend le nom de communauté conventionnelle, et devient en quelque sorte une cinquième forme de contrat. Ainsi, encore on peut, en adoptant le régime dotal, y joindre la communauté réduite aux acquets.

Il n'est pas nécessaire de relater dans le contrat de mariage toutes les clauses du régime que l'on veut adopter. Il n'est pas non plus indispensable que la volonté de se soumettre à un de ces régimes résulte d'une déclaration expresse, conçue en ces termes : les époux ont déclaré se marier sous tel régime; sous le régime dotal, par exemple : la loi n'a pas prescrit l'emploi d'une formule sacramentelle. Tout ce que la loi exige, c'est que l'intention des parties soit non-équivoque, évidente. Aussi admet-on qu'une femme est mariée sous le régime dotal lorsqu'elle a déclaré constituer tels biens en dot, en ajoutant que les autres seraient paraphernaux. Dans ce cas, la volonté d'accepter ce régime n'est pas douteuse, puisqu'il est le seul dans lequel il y a des paraphernaux. Mais de ce qu'on dirait que la femme apporte une dot, il ne faut pas en conclure que les époux embrassent le régime dotal, car la dot existe sous tous les régimes ; c'est ce que la femme apporte au mari pour subvenir aux besoins du mariage ; dans ce cas, la volonté serait douteuse et les époux seraient soumis au régime commun, car, par leur silence, ils sont censés l'avoir adopté.

Du régime en communauté.

La communauté est une société de biens entre époux régie par des règles particulières. Elle est alors légale; mais si les époux l'ont modifiée par leurs conventions, elle prend le nom de conventionnelle.

De la communauté légale.

La communauté légale est celle qui s'établit par la simple déclaration qu'on se marie sous le régime de la communauté, ou, en l'absence de toute stipulation écrite, par la convention tacite des parties, qui sont censées l'avoir choisie pour leur tenir lieu de contrat de mariage.

Elle commence du jour du mariage contracté devant l'officier civil, et toute stipulation tendant à la faire commencer à une autre époque serait réputée non écrite. Sans doute, les futurs époux peuvent mettre, antérieurement à leur mariage, certains biens en commun, mais ce n'est pas là une société privilégiée, elle est ordinaire.

La communauté peut être considérée comme un être moral, comme une tierce-personne placée entre les époux ; cet être moral a droit à tous les fruits, à tous les revenus des biens personnels des époux. Mais, comme il ne peut agir par lui-même, la loi lui donne un administrateur dans la personne du mari. Comme dans toute société, la communauté a aussi son actif et son passif.

De ce qui compose la communauté activement et passivement. — De l'actif de la communauté.

La communauté se compose activement :

1º « De tout le mobilier que les époux possédaient au jour de la célébration du mariage, ensemble de tout le mobilier qui leur échoit à titre de succession, legs ou donation, si le donateur n'a exprimé le contraire (art. 1401). Ainsi donc les immeubles corporels et incorporels, les meubles meublants, les créances, les rentes perpétuelles ou viagères, les successions mobilières déjà ouvertes au moment du mariage, en un mot tout ce qui n'est pas immeuble, tombe en pleine propriété dans la communauté.

2º « De tous les fruits, revenus, intérêts et arrérages, de quelque nature qu'ils soient, échus ou perçus pendant le mariage et provenant des biens qui appartenaient aux époux lors de la célébration, ou de ceux qui leur sont échus pendant le mariage. »

D'après les règles de l'usufruit, tous les produits ne sont pas des fruits. Ainsi les arbres coupés dans les bois de haute futaie et les produits des mines et carrières, sont considérés comme fruits, seulement dans le cas où l'immeuble dont ils sont détachés était, avant l'acquisition du droit d'usufruit, destiné à ce genre d'exploitation. Les coupes de bois et les produits des mines et carrières appartiennent donc à l'époux propriétaire du fonds dont ils sont détachés, ou à la communauté, suivant que les bois ont été mis en coupe réglée, et les mines et carrières ouvertes avant ou après le mariage. L'usufruitier qui n'a pas fait les coupes de bois auxquelles il avait droit, ne peut réclamer aucune indemnité, d'après le principe que les fruits naturels ne s'acquièrent que par la perception. Mais la loi fait exception à la règle en faveur de la communauté. Lorsqu'une perception de fruits n'a pas été faite en temps et lieu, l'époux propriétaire du sol doit indemnité à la communauté.

3o « De tous les immeubles qui sont acquis pendant le mariage. » Mais pour qu'ils entrent dans la communauté, il faut que ces immeubles soient acquis à titre onéreux ; car l'immeuble donné à l'un des époux lui reste propre, à moins que le contrat ne contienne une clause contraire (1405).

Enfin, tout immeuble est réputé faire partie de l'actif de la communauté, s'il n'est prouvé que l'un des époux en avait la propriété ou possession légale antérieurement au mariage, ou qu'il lui est échu depuis à titre de succession ou donation (1402).

Mais les époux restent personnellement propriétaires :

1º Des immeubles que les époux possédaient à juste titre au moment de leur mariage, ainsi que de ceux dont la propriété, quoique réalisée pendant le mariage, remonte, par l'effet rétroactif d'une condition, à une époque antérieure à la célébration. Cependant l'immeuble acquis dans l'intervalle qui sépare le contrat de la célébration du mariage, appartient à la communauté ;

2º L'immeuble abandonné par l'un des époux par ses père, mère et autres ascendants à l'un des époux, soit pour le remplir de ce qu'il lui doit, soit à la charge par l'époux de payer les dettes du donateur, reste propre à l'époux donataire, sauf récompense ou indemnité à la communauté pour les sommes qu'elle pourrait avoir fournies ;

3º L'immeuble acquis en échange d'un propre de l'un des époux reste tout entier à celui-ci ;

4º Le Code déclare encore propre l'acquisition d'une portion de l'immeuble indivis dont une portion appartient à l'un des époux.

Quand c'est à la femme qu'appartient une portion de l'immeuble indivis, si le mari a fait l'acquisition de la totalité de l'immeuble, la femme a le choix, à la dissolution de la communauté, ou d'abandonner l'immeuble à la communauté, qui devient alors débitrice envers la femme de la portion appartenant à celle-ci, ou de le retirer, en remboursant à la communauté la somme qu'elle a fournie pour cette acquisition.

Du passif de la communauté.

Le passif de la communauté est corrélatif à l'actif, d'après la règle : *eadem debet esse ratio commodi et incommodi.*

La communauté se compose passivement :

1º De toutes les dettes mobilières dont les époux étaient grevés au jour de la célébration du mariage, ou dont se trouvent chargées les successions qui leur échoient durant le mariage, sauf la récompense pour celles relatives aux immeubles propres à l'un ou à l'autre des époux (1409).

Mais les dettes particulières, relatives aux immeubles propres à l'un ou à l'autre des époux, ne sont pas à la charge de la communauté. Celles que la femme aurait contractées avant le mariage doivent porter date certaine pour être à la charge de la communauté. Si cette formalité n'est pas accomplie, le paiement en sera poursuivi, seulement sur la nue-propriété de la femme, car l'usufruit des biens qui lui appartiennent, est à la charge de la communauté. « Le mari qui prétendrait avoir payé une dette de cette nature, n'en peut demander la récompense ni à la femme, ni à ses héritiers (1410).

2⁰ Des dettes et charges mobilières dont se trouvent grevées les successions ou donations qui leur échoient, ou qui sont faites à l'un des époux pendant le mariage. — Lorsque la succession ou la donation est en partie mobilière, les dettes dont elle est grevée ne sont à la charge de la communauté que jusqu'à concurrence de la portion pour laquelle le mobilier doit contribuer, eu égard à sa valeur comparée à celle des immeubles.

Mais alors le mari doit faire dresser un inventaire du mobilier; car s'il ne remplit pas cette formalité, et qu'il s'élève plus tard des difficultés sur l'importance qu'avait la partie mobilière de la succession ou donation mixte, et par suite sur la portion contributoire de l'époux et de la communauté dans les dettes, la femme ou ses héritiers sont autorisés, lors de la dissolution de la communauté, à prouver leur prétention : 1⁰ par titre; 2⁰ par témoin, et 3⁰ par commune renommée.

3⁰ Le passif de la communauté se compose encore des dettes contractées, soit par le mari, soit par la femme, avec l'autorisation de son mari.

4⁰ Des dépenses considérées comme charges du mariage, telles que l'entretien des époux et l'éducation des enfants communs.

Du droit de poursuite des créanciers.

Pour savoir les dettes de la succession qui tombent ou ne tombent pas dans la communauté à l'égard des tiers, il faut distinguer si les successions sont purement mobilières ou purement immobilières, ou mobilières et immobilières à la fois. Le Code distingue encore si les successions ou donations sont échues au mari ou à la femme, si, dans le second cas , elles ont été acceptées avec l'autorisation du mari ou seulement de justice.

La succession est-elle échue au mari , qu'elle soit mobilière ou immobilière, les créanciers pourront en poursuivre le paiement : 1o sur les biens de la succession ; 2o sur les biens propres du mari ; 3° et s'ils sont insuffisants, sur les biens de la communauté ; mais alors le mari sera tenu de récompenser la femme ou se héritiers (art. 1412).

Successions échues à la femme.

1o La succession est purement immobilière , qu'elle soit acceptée avec l'autorisation de justice ou qu'elle le soit avec l'autorisation du mari, la communauté n'est pas tenue des dettes. Cependant , il y a une différence à constater dans ces deux cas. La femme a-t-elle accepté, malgré le refus du mari , sur l'autorisation de justice, les créanciers ont action sur les biens de la succession en toute propriété, mais ils ne peuvent poursuivre que la nue-propriété de ses biens personnels. A-t-elle accepté du consentement du mari , les créanciers pourront poursuivre les biens personnels de la femme en toute propriété (1413).

2o La succession est purement mobilière. — Si elle est acceptée avec l'autorisation du mari, les créanciers pourront attaquer les biens personnels de la femme, les biens de la communauté et les biens propres du mari. — Si la femme a accepté avec l'autorisation de justice , et si le mari a fait un inventaire du mobilier de la succession, la communauté n'est pas tenue des dettes.

3o La succession est tout à la fois mobilière et immobilière. La femme accepte-t-elle avec l'autorisation du mari , la communauté est tenue de toutes les dettes ; accepte-t-elle avec l'autorisation de justice, il faut distinguer si le mari a fait dresser un inventaire du mobilier ; dans ce cas la communauté n'est tenue que jusqu'à concurrence du mobilier inventorié ; elle est tenue pour le tout si le mobilier a été confondu avec les biens communs sans inventaire préalable.

De l'administration de la communauté.

L'art. 1421 attribue, dans le régime de la communauté, les plus grandes prérogatives au mari sur les biens qui la composent. Il les administre seul et il jouit à cet égard de pouvoirs si étendus, qu'on peut presque l'assimiler à un propriétaire exclusif. Cependant la loi affecte quelques restrictions au pouvoir presqu'absolu du mari. Ainsi, il ne peut pas disposer de la communauté dans son intérêt personnel. La donation testamentaire qu'il aurait faite ne peut pas excéder sa part dans la communauté ; il ne peut pas non plus disposer à titre gratuit des immeubles de la communauté si ce n'est pour l'établissement d'un enfant commun. Il ne peut donner ni des universalités de meubles, ni même des meubles individuels avec réserve du droit d'usufruit. Quant à la femme, en principe elle n'a aucun pouvoir, à moins qu'elle n'agisse comme mandataire de son mari ou avec son autorisation. L'autorisation de justice lui est insuffisante pour engager les biens de la communauté, si ce n'est pour tirer son mari de prison lorsqu'il y a été mis pour dettes, ou pour établir ses enfants en cas d'absence du mari (art. 1427).

De l'administration des propres de la femme.

La loi confie au mari l'administration des biens personnels de la femme, mais son pouvoir n'est pas aussi étendu que celui qu'il a sur la communauté. Il doit administrer les biens de la femme sous sa responsabilité, à la charge de lui rendre compte et de l'indemniser lorsqu'il ne gère pas en bon père de famille. Il exercera au nom de la femme toutes les actions mobilières, et, quant aux immeubles, celles qui ne sont relatives qu'à la possession. Si le mari refusait d'exercer une action mobilière ou possessoire, la femme aurait le droit de l'exercer elle-même avec l'autorisation de justice (1428).

La qualité qu'a le mari d'administrer les biens personnels de la femme, lui donne le droit de les affermer; mais, afin que la femme ou les héritiers ne soient pas assujettis pour un temps trop long, après la dissolution de la communauté, la loi décide que le mari ne peut passer le bail que pour neuf ans, et qu'il ne doit être renouvelé que deux ans avant l'expiration du premier bail au plus pour les fonds urbains, et trois ans s'il s'agit de biens ruraux.

Des récompenses.

Aussitôt que le mariage est accompli, il se forme, nous l'avons dit, trois patrimoines distincts. Le législateur, se réglant sur un principe d'équité, n'a pas voulu que l'un de ces patrimoines s'enrichît aux dépens de l'autre.

Ainsi, un bien propre a été vendu; la communauté a reçu le prix et le remplacement n'a pas eu lieu. Alors, l'époux propriétaire de l'immeuble non aliéné et non remplacé, prélevera cette somme sur la communauté, au jour de sa dissolution.

Quant au mode de remploi, la loi établit une distinction entre le mari et la femme.

Aux termes de l'art. 1434, le remploi est censé fait à l'égard du mari, toutes les fois que lors d'une acquisition, il a déclaré qu'elle était faite des deniers provenus de l'aliénation de l'immeuble qui lui était personnel. Si le mari faisait cette déclaration non pas au moment de l'acquisition, mais plus tard, cet immeuble précédemment acheté serait considéré comme un bien commun.

A l'égard de la femme, il faut pour la validité du remploi; — 1o que le mari déclare que cette acquisition est faite pour servir de remploi à la femme; 2º qu'il déclare lors du paiement, que les deniers proviennent de l'immeuble vendu par la femme ; 3º que la femme accepte le remploi. L'acceptation de la femme doit être formelle ; mais l'acceptation peut être faite postérieurement à l'acquisition, pourvu qu'elle fût faite avant la dissolution de la communauté.

Constitution de dot.

Les parents ne sont pas obligés de doter leurs enfants d'après le droit civil, mais la loi naturelle leur en fait un devoir. Lorsque le père et la mère ont conjointement doté l'enfant commun, sans exprimer la portion pour laquelle ils voulaient y contribuer, ils sont censés avoir constitué la dot chacun pour moitié.

Si la dot a été constituée par le mari seul sur les biens de la commmunauté, la femme qui l'accepte, doit en supporter la moitié ; car le mari, chef de la communauté, peut disposer des immeubles pour l'établissement de ses enfants communs. Si le mari a constitué la dot sur les biens personnels, la femme ne devra pas contribuer à la formation de la dot.

Lorsque la dot est constituée par la femme avec l'autorisation du mari, elle engage la communauté et le mari, sauf recours contre elle. Constitue-t-elle des biens communs en l'absence du mari et avec l'autorisation de justice, elle engage la communauté.

Du reste, que la dot soit donnée par le père, la mère, ou un tiers, la garantie est toujours à la charge de celui qui l'a constituée, et les intérêts courent du jour du mariage, encore qu'il y ait terme pour le paiement, sauf stipulation contraire (art. 1440).

Procédure Civile.

—

De la mise au rôle et de la distribution des causes.

D'après le décret du 30 mars 1808, les causes doivent être inscrites dans l'ordre de leur présentation, sur un rôle ou registre tenu au greffe et coté et paraphé par le président. Les avoués seront tenus de faire cette présentation au moins la veille du jour de l'audience. Chaque inscription doit porter les noms des parties et ceux de leurs avoués. Les causes ainsi disposées, seront jugées d'après l'ordre de leur mise au rôle.

Dans les tribunaux où il y a plusieurs chambres, le président distribue entre ces chambres les affaires inscrites au rôle de la manière qu'il juge la plus convenable à l'intérêt du service. Mais il est certaines affaires réputées importantes, que le même décret du 30 mars 1808 réserve de droit à la première chambre, où siége habituellement le président. Ces causes, indiquées dans l'article 60, sont : les contestations relatives aux interdictions, à l'envoi en possession des biens des absents, à l'autorisation des femmes par absence ou refus de leurs maris et autres de même nature. Toutefois, l'incompétence des autres chambres n'est que *ratione personæ*.

Les affaires qui requièrent célérité, sont dispensées de tour de rôle ; elles sont jugées sur un mémoire ou placet adressé au président par l'avoué de la cause. S'il se présente à la fois plusieurs affaires urgentes, le président doit les classer dans l'ordre de leur urgence.

En outre, il faut afficher huit jours à l'avance, dans la salle d'audience et au greffe, ce qu'on appelle la feuille d'audience, contenant au moins six causes. Au premier appel qui sera fait ensuite de la cause, si tous les avoués se trouvent présents, ils sont tenus de poser les qualités et de prendre des conclusions, et il leur sera indiqué un jour pour plaider.

Du désistement.

Le désistement a été défini, l'action de renoncer à une procédure commencée.

On reconnaît deux espèces de désistement : celui qui porte sur le fond du droit, et dont l'effet consiste à renoncer définitivement à une prétention qu'on avait élévée ; et le désistement qui ne porte que sur ce mode dont la prétention a été manifestée et non sur la prétention elle-même. Pour que le défendeur puisse se prévaloir du désistement de la première espèce, il devra être conçu en termes bien explicites ; s'il y a le moindre doute sur l'intention de celui qui se désiste, on ne devra voir dans ce fait que la renonciation à l'instance et jamais la renonciation au droit.

Nous allons tracer les règles générales du désistement de la seconde espèce ; c'est celui dont s'occupe le Code de Procédure.

Qui peut faire le désistement.

La faculté de donner un désistement appartient à toute personne qui n'a besoin que de sa volonté pour engager l'instance. Il en sera autrement, si elle a dû recourir à quelques autres volontés. Ainsi, une femme autorisée à ester en jugement soit par son mari, soit par justice, aura besoin d'une semblable autorisation pour se désister de l'instance. Mais celui qui a eu la capacité d'engager seul le procès, conserve toujours la faculté de s'en désister, bien qu'il n'ait pas la libre disposition des objets auxquels ce procès est relatif. Ainsi le mari peut se désister de l'action engagée contre les détenteurs d'un bien dotal de la femme. En effet, puisque le désistement ne fait pas perdre le fond du droit, puisqu'il n'a d'autre but que d'anéantir une procédure vicieuse, sauf à la remplacer par des poursuites plus régulières, il est évident que c'est un acte de pure administration. Mais le désistement serait au contraire sans valeur, s'il portait sur le fond du droit.

Comment le désistement doit être fait et accepté.

« Le désistement, aux termes de l'art. 402, peut être fait et accepté par de simples actes signés des parties ou de leurs mandataires et signifiés d'avoué à avoué. »

Il est à remarquer que la loi se sert d'expressions facultatives : peut être, et non doit, c'est-à-dire que cette forme n'est pas impérieusement prescrite. En conséquence, nous en concluons qu'il peut être fait de différentes manières. Ainsi, le désistement peut être valablement donné et accepté par acte notarié. Cependant, nous pensons que la forme indiquée par la loi est préférable ; elle a l'avantage d'avertir chacun des avoués que ce désistement a été donné, et que, par conséquent, nul acte de procédure ne doit être signifié. Le désistement, à la différence des actes ordinaires d'avoué, doit porter la signature des parties ou de leurs mandataires spéciaux. L'absence de cette signature, indispensable sur la copie, vicierait donc l'acte dans sa substance, sans qu'il fût nécessaire de recourir au désaveu.

Le désistement peut être considéré comme un contrat ; il n'est donc parfait que par le concours des volontés des parties ; or, si l'une des volontés a fait défaut, il n'est qu'à l'état de projet, et peut être rétracté.

Mais la partie à laquelle le désistement est offert peut-elle refuser de l'accepter ? elle le peut lorsqu'elle y trouve un intérêt, comme si elle a formé quelque demande incidente, ou si le désistement n'a été fait que sous condition ; mais nous ne pensons pas qu'elle puisse refuser un désistement pur et simple qui ne devra lui occasionner aucun préjudice. Ainsi, le défendeur qui, sans motif légitime, repousse le désistement, devra être condamné à tous les dépens que ce désistement aura occasionné.

Des effets du désistement.

« Le désistement, lorsqu'il est accepté , emporte de plein droit consentement que les choses soient remises de part et d'autre au même état qu'elles étaient avant la demande. (403.)

Il est naturel que le demandeur qui trouve sa demande mal dirigée puisse s'en désister , mais il est juste aussi que les frais soient uniquement supportés par lui, et que le désistement ne devienne pas la source d'un nouveau débat sur la question des frais; la loi dispose que le défendeur, pour se faire rembourser par l'adversaire les dépenses avancées par lui, n'a pas besoin d'obtenir un jugement à cet effet , ces frais devant lui être alloués sur une simple ordonnance du président.

Enfin, l'art. 403 ajoute : « Cette ordonnance , si elle émane d'un tribunal de première instance, sera exécutée nonobstant opposition ou appel ; elle sera exécutée nonobstant opposition, si elle émane d'une Cour impériale. »

Droit Criminel.

De la Prescription en matière de contraventions de police.

« Les peines portées par les jugements rendus pour contraventions de police seront prescrites après deux années révolues, savoir, pour les peines prononcées par arrêt ou jugement en dernier ressort, à compter du jour de l'arrêt.... » (639.)

« L'action publique et l'action civile pour une contravention de police, seront prescrites après une année révolue, à compter du jour où elle aura été commise... » (640.)

L'un et l'autre de ces articles sont relatifs à la prescription des contraventions. Dans le premier, il s'agit de la prescription contre les peines de police ; dans le second, de la prescription soit publique, soit civile.

Le principe de la loi étant posé, voyons :

1o A quelles condamnations s'applique la prescription des actes précités ;

2o Quel est le point de départ de la prescription ;

3o Comment elle peut être interrompue ;

4o Quels sont ses effets.

Les prescriptions s'appliquent aux peines pécuniaires, telles que les amendes, et aux peines corporelles; mais les condamnations obtenues par les parties civiles ne les concernent pas; il en est de même des contraventions prononcées au profit de l'Etat, qui ne voit dans cette condamnation qu'un dédommagement aux dépenses qu'il a faites pour le condamné.

Quel est le point de départ de la prescription ?

On est frappé tout d'abord, en lisant l'art. 639, de voir que la prescription contre une simple peine de police puisse commencer « à compter du jour de l'arrèt. » Comment donc une contravention peut-elle être punie par un arrêt, car ce mot suppose une décision de la Cour impériale.

N'est-elle pas jugée en premier ressort par les juges de paix; et lorsqu'il y a lieu à l'appel, en dernier ressort par les tribunaux civils qui ne rendent pas d'arrêt? C'est là, en effet, le principe; cependant, il peut arriver qu'une cour impériale, saisie à titre d'appel d'un prétendu délit, ne voie dans ce fait qn'une simple contravention, et qu'alors elle lui applique la peine des contraventions de police. C'est dans ce sens que l'art. 639 emploie le mot arrêt.

Aux termes de l'art. 640, l'action publique et l'action civile, résultant d'une contravention de police, s'accomplit après une année révolue à compter du jour où elle aura été commise, si dans ce laps de temps il n'y a pas eu condamnation.

D'après les art. 637 et 638, les actes d'instruction et de poursuite retardent le point de départ de la prescription; mais ici elle commence toujours lors de la contravention.

Mais, s'il y a une première condamnation, le délai de l'appel ne commence à courir qu'à dater de la signification de la sentence (174). Que faudra-t-il décider, si la sentence n'a pas été signifiée? Il est évident qu'il faut appliquer dans ce cas les règles de la prescription de la peine et non pas celles de la prescription de l'action. En effet, du moment qu'il est intervenu une décision sur le fond, il est certain qu'il ne s'agit pas de l'action, mais bien de la condamnation.

Maintenant, supposons que l'absence de la notification se prolonge de manière à retarder indéfiniment le point de départ de la prescription, et alors donc il n'y aura pas d'autre prescription possible que celle qui s'accomplit par trente ans. Il est évident que ce serait aller contre l'esprit de la loi que de juger de cette manière, puisqu'il arriverait que la durée de la prescription pourrait être plus longue pour une simple condamnation de simple police, que pour une condamnation correctionnelle ou même criminelle.

De là, la conséquence que l'absence ou le retard de la notification pourront profiter au condamné, mais jamais lui nuire; et qu'enfin le délai de la prescription courra à l'expiration des dix jours qui suivront le jour même de la sentence.

Comment la prescription est-elle interrompue.

La prescription de la peine ne peut être interrompue que pas une exécution réelle ; de simples poursuites ne peuvent l'empêcher.

S'il s'agit de peines corporelles; il est donc nécessaire pour que la prescription soit interrompue que le condamné soit arrêté; des procès-verbaux de perquisition ne suffiraient pas.

Il en est de même au sujet des peines pécuniaires ; un simple commandement ou une simple contrainte ne peuvent interrompre la prescription , tandis qu'en matière civile , ces actes suffiraient pour produire l'interruption. — Il faut que le condamné soit contraint par corps ou que ses biens soient ou vendus ou saisis.

Des effets de la prescription.

La prescription éteint la peine , mais elle laisse subsister toutes les incapacités que la condamnation a pu produire. Ainsi, dans le cas d'une condamnation par coutumace , le délai pour se présenter est de vingt ans. Si pendant ce temps il se présente volontairement ou s'il est saisi , l'arrêt de contumace s'évanouit de plein droit. Si, au contraire, le condamné par contumace ne reparaît qu'après les vingt ans , alors il a prescrit contre sa peine, il ne peut plus être poursuivi, retenu, ni condamné ; il ne pourra pas non plus être jugé, puisqu'il serait tout à fait illusoire de juger celui que l'on ne peut plus condamner. Même , de son contentement, il ne pourrait pas, après les vingt ans , être traduit devant une Cour d'Assises. Il restera sous le poids d'une peine qu'il ne peut plus subir , il est vrai , mais qu'il ne pourra pas non plus faire effacer. En vain demanderait-il à prouver son innocence ; le bénéfice de réhabilitation lui serait interdit.

On voit donc que l'expiration des vingt ans n'enlève pas toute importance à la peine.

Il en est de même de toutes les condamnations.

Quoiqu'après le terme prescrit la peine ne puisse s'exécuter , elle subsistera encore dans ce sens que si un nouveau crime vient à être commis, les peines de la récidive seront applicables.

Quant à la prescription des condamnations civiles, les règles des prescriptions criminelles lui sont complétement inapplicables.

D'après l'art. 642 : « Les condamnations civiles portées par les arrêts ou par les jugements rendus en matière criminelle, conventionnelle ou de police, et devenues irrévocables, se prescriront d'après les règles établies par le Code Napoléon. »

Cette Thèse sera soutenue, en séance publique, dans une des salles de la Faculté, le 11 août 1855.

Le Président de la Thèse,

LAURENS, Doyen.

Toulouse, Imprimerie Troyes OUVRIERS REUNIS, rue Saint-Pantaléou, 5.